Adolf Merkel

Bemerkungen über den speciellen Theil des österreichischen Entwurfes

eines Strafgesetzes über Verbrechen und Vergehen

Adolf Merkel

Bemerkungen über den speciellen Theil des österreichischen Entwurfes
eines Strafgesetzes über Verbrechen und Vergehen

ISBN/EAN: 9783743671218

Hergestellt in Europa, USA, Kanada, Australien, Japan

Cover: Foto ©Suzi / pixelio.de

Weitere Bücher finden Sie auf **www.hansebooks.com**

Bemerkungen

über den

speciellen Theil des österreichischen Entwurfes eines Strafgesetzes

über

Verbrechen und Vergehen.

———•••———

Von

Dr. Adolf Merkel.

———•••———

Wien, 1867.

Druckerei der k. Wiener Zeitung. — Separatabdruck aus Nr. 259.

Zum amtlichen Gebrauche.

I.

Ueber die Behandlung der politischen Verbrechen.

Nur mit Widerstreben berührt der Verfasser die von den politischen Verbrechen handelnden Capitel. Angesichts der eminenten Schwierigkeiten, welchen hier seitens des Strafgesetzgebers Rechnung getragen werden will, ziemt es dem Ausländer ohne Zweifel, seinem Urtheile eine gewisse Zurückhaltung aufzuerlegen. Doch darf er vom allgemeinen Standpunkte aus, dessen Vertretung ihm zunächst obliegt, betonen, daß die Geltung der Grundmaximen des Strafrechts den politischen Verbrechen gegenüber nicht hinwegfalle so wie daß die consequente Durchführung derselben hier nicht etwa einem geringeren Interesse entspreche wie in Bezug auf die übrigen Rechtsverletzungen, daß im Gegentheile das Ansehen der strafrechtlichen Institutionen in ganz besonderem Maße davon abhängig erscheine, daß der Gesetzgeber den sonst von ihm adoptirten Grundsätzen und Maximen auch in diesem Gebiete treu bleibe. Nur insofern dies geschieht, werden die Functionen der Strafrechtspflege überall nicht das Gepräge von Ausflüssen der Leidenschaft und der Interessen Einzelner an sich tragen, sondern als reine Aeußerungen des ethischen Gemeinwillens erscheinen. In dem fraglichen Gebiete uns von den allgemeinen Regeln dispensiren, heißt

1*

nichts anderes, als hier den Rechtsfragen Interessen-
und Machtfragen substituiren. Wir können dies aber
nicht in Bezug auf einen Theil der strafrechtlichen
Functionen, ohne damit der sittlichen Dignität des
Ganzen im allgemeinen Bewußtsein Abbruch zu thun.
Deßhalb ist es sehr zu rühmen, daß der Entwurf,
die Gewöhnungen des bisherigen Strafrechts hinter
sich lassend, den ihm charakteristischen humanen Maßstab im Ganzen und Großen auch diesem Verbrechen
gegenüber zur Geltung bringt. Insbesondere ist es
anzuerkennen, daß der Natur der Sache entsprechend
die nicht infamirende Gefängniß- (beziehungsweise
Einschließungs-)Strafe als das normale Strafmittel
für die politischen Delicte eingeführt ist.

Allein die aufgestellte Forderung bewegt sich noch
in anderen Richtungen. Sind absolute Strafdrohun-
gen im Allgemeinen verwerflich, so sind sie es auch
hier. Wird die bloße Vorbereitungshandlung im Allgemeinen mit Grund einer anderen Behandlung
unterzogen als die vollendete Rechtsverletzung, so
sollte hier nicht, wie es im 7. und 8. Titel des Entwurfes mehrfach geschieht, eine Identification von
beidem platzgreifen!

Man unterschätze den Werth der von uns geforderten Consequenz nicht. Es ist wahrlich nicht bloß
ein theoretischer, dem sich das Gewicht aller praktischen Rücksichten gegenübersetzte. Die Geschichte des
Fortschrittes in der Entwicklung der Strafrechtspflege
ist zu einem guten Theile die Geschichte des Trium-
phes jener allgemeinen Principien über die Macht
der von Vorurtheilen und Sonderinteressen gegen
sie ins Feld geführten angeblichen „praktischen Noth-
wendigkeiten". Es ist eine lange Reihe von Verirrun-

gen im Bereiche des Strafrechtes, welche als Conces=
sionen an diesen vielangerufenen Götzen sich einge=
führt und mehr oder minder hartnäckig behauptet
haben, um am Ende je in ihrem Gebiete der Er=
kenntniß weichen zu müssen, daß das von der Wis=
senschaft Geforderte, grundsätzlich Richtige, sich auch
als das wahrhaft Praktische erweise. Es sind einige
ihrer letzten Ausläufer, die wir in den für die poli=
tischen Verbrechen festgehaltenen Anomalien be=
kämpfen.

U. A. möchte auch die Forderung möglichst scharfer
Begrenzung des strafrechtlichen Gebietes in Bezug
auf die genannten Delicte ebenso aufrecht zu erhalten
sein wie in Bezug auf die nicht politischen. Ver=
fehlungen hiegegen mit ihrem Gefolge von Schwan=
kungen in der Rechtsanwendung und beziehungsweise
von unnützen und gehässigen Untersuchungen sind im
Allgemeinen, und hier jedenfalls nicht minder wie
sonst, weit eher dazu angethan, die Justiz zu com=
promittiren, als für den dauernden Bestand der Ein=
richtungen, um deren Schutz es sich handelt, die er=
wünschten unfehlbaren Garantien zu geben.

Es sei vergönnt, einige Partien in den die politi=
schen Delicte betreffenden Titeln des vorliegenden Ent=
wurfs zu bezeichnen, gegen welche die letzteren Bemer=
kungen platzgreifen dürften.

Der Entwurf kennt neben dem Verbrechen der
Majestätsbeleidigung ein Vergehen der Ehrfurchtsver=
letzung (§ 105, 2), dessen Merkmale an einer bedenk=
lichen Vagheit zu leiden scheinen. Alle gegen den Kai=
ser gerichteten Aeußerungen, welche eine persönliche Be=
leidigung desselben einschließen, so wie alle öffentlichen
Handlungen, welche, mögen sie aus einer beleidigenden

Absicht hervorgegangen sein oder nicht, geeignet erscheinen, Andere zu Haß oder Verachtung wider die Person
des Kaisers aufzureizen, fallen unter den Begriff der
Majestätsbeleidigung. Aeußerungen aber, welchen die
bezeichneten Eigenschaften fehlen, möchten im Allgemeinen nicht geeignet sein, zum Gegenstande crimineller
Verfolgung gemacht zu werden. Es bleiben hier Verletzungen der Etiquette und Delicatesse, Tactlosigkeiten
und Tölpeleien übrig, deren Sphäre mit juristischer
Exactheit nicht zu begrenzen ist und deren strafrechtliche Ahndung einem wirklichen Bedürfnisse schwerlich
entsprechen möchte. Es ist überall eine bedenkliche
Sache, das Geziemende auf criminellem Wege sicher-
stellen zu wollen. Wenn das Unziemliche in der hier
fraglichen Sphäre einen graveren Charakter hat als
sonst, so wiegen auch die Unzuträglichkeiten, die sich
der Natur der Sache nach mit seiner strafrechtlichen
Verfolgung verbinden, hier um so schwerer. Es ist
unter der Würde des kaiserlichen Namens, einem durch
die öffentliche Meinung nicht geforderten, ängstlichen
und kleinlichen Kriege gegen Anstandswidrigkeiten zur
Legitimation dienen zu müssen. Dafür aber, daß dieser
Krieg gelegentlich einen kleinlichen und gehässigen Charakter annehme, sind in der fraglichen Begriffsbestim-
mung jedenfalls keine Garantien gegeben.

Man hat anderswo in Bezug auf verwandte Ver-
brechensbegriffe die Bestimmung getroffen, daß eine
Verfolgung auf Grund derselben nur mit Genehmigung
des Ministeriums eingeleitet werden solle. Und es
möchte sich, wenn man nicht darauf verzichten will, den
Respect vor der Majestät mit jenem ausgedehnten crimi-
nellen Schutzapparate zu umgeben, das bezeichnete Cor-
rectiv jedenfalls zu ernster Inbetrachtnahme empfehlen.

Vielleicht sogar in Beziehung auf die Majestätsbeleidigung. Wer die zur Aburtheilung kommenden
Verbrechensfälle aus diesen Kategorien überschaut, der
wird leicht erkennen, daß sie in ihrer Mehrzahl weder auf den Bestand einer Gefahr für das Ansehen
des Monarchen, noch selbst auf eine persönliche feind-
selige Gesinnung gegen die Person desselben bei dem
Delinquenten hinweisen. Es kann hier auf dasjenige
Bezug genommen werden, was in der Motivendarstellung des Referenten, S. 84 u. 85, auf Grund
einer ohne Zweifel ausgebreiteten Erfahrung entwickelt
worden ist. Wir haben es hier vielfach mit Aeußerungen des Unwillens über irgendwelche Regierungs-
handlungen zu thun, welche eine Richtung gegen den
Monarchen nur annehmen, weil der Ungebildete der
Regierung als einer Abstraction gern eine Persönlich-
keit und in specie die Person des Souverains substituirt, oder auch mit gedankenlosen Ausbrüchen über-
müthiger Stimmungen, denen man eine zu große
Wichtigkeit beilegt, wenn man sie zum Gegenstande
einer öffentlichen Verfolgung macht.

Jedenfalls begründet es sich in diesen Umständen,
wenn das Mindestausmaß der Strafe für die einschlagenden Delicte niedrig gegriffen wird. Die bezüglichen Sätze des Entwurfes, wiewohl im Verhältniß
zu denen des geltenden Rechts und der außerösterrei-
chischen Strafgesetze nicht hoch gegriffen, werden den-
noch zu manchen Härten führen. Insbesondere gilt
dies von dem für das Vergehen der Ehrfurchtsver-
letzung aufgestellten Minimalsatze. In Anbetracht,
daß es sich hiebei um Aeußerungen handelt, welche
nicht aus einer beleidigenden Absicht hervorgegangen
sind, und resp. daß bloß fahrlässige Respectswidrigkei-

ten unter den Begriff desselben gezogen werden kön=
nen, erscheint die Drohung von mindestens einem
Jahre Arrest ohne Zweifel als eine zu strenge. Oder
sollte es richtig sein, diese fahrlässige Respectsverletzung
im Minimum mit einer dreifach längeren Freiheits=
beraubung zu bedrohen als die fahrlässige Tödtung
eines Menschen (§ 232), und darüber hinaus noch
mit einer Entziehung von Ehrenrechten?!—

Der Kategorie allzu vager Bestimmungen gehört
ferner § 107, c an. Wer eine Gefahr für den Staat
von außen herbeiführt oder befördert und wer eine
solche Beförderung auch nur vorbereitet, soll hienach
mit 8 bis 12, bez. 12 bis 20 Jahren Gefängniß be=
straft werden (§ 108). Dahin würde jeder gewagte
Schritt in der äußeren Politik und jede Befürwor=
tung desselben in der Presse zu rechnen sein. Es ist
aber wohl von selbst einleuchtend, daß die Frage, ob
irgendein zur Erörterung oder zum Vollzuge kom=
mender Act der äußeren Politik eine Gefahr für den
Staat herbeiführen könne, durchaus ungeeignet sei
zum Gegenstand richterlicher Sentenzen gemacht zu
werden Und nun einem Thatbestande von so völlig
unbestimmter Tragweite gegenüber, bei welchem ein
irgendwie bestimmter Dolus nicht vorausgesetzt wird,
dieses exorbitant hohe Strafminimum!

In das Bereich dieser Bestimmung fallen auch die
im § 137 speciell hervorgehobenen Handlungen. Die=
selben werden aber dort mit Geldbuße von 50 bis
500 fl., bez. mit Einschließung von 1 bis 4 Mona=
ten bedroht. In welch' seltsamem Verhältnisse stehen
diese Strafsätze zu denen für das seiner Natur nach
subsidiäre Verbrechen des § 107, c! — Vor allem
aber ist an demselben auszusetzen, daß er keinen Unter=

schied zwischen Inländern und Ausländern macht.
Nach § 6 (conf § 4) des Entwurfes nämlich sind
diese Bestimmungen auch auf Ausländer zu beziehen.
Nun bedenke man, wohin eine consequente Anwendung
derselben in dieser Richtung führen würde. Jede Be=
förderung einer den österreichischen Interessen sich
entgegensetzenden und somit eine Gefahr für Oester=
reich in sich schließenden Politik seitens beliebiger
Ausländer würde hienach eine Veranlassung abgeben,
dieselben als Verbrecher zu verfolgen; ohne daß doch
irgendeine rechtliche oder selbst nur ethische Schuld
sich in solchem Benehmen für sie begründete. Daß
die internationalen Verhältnisse es unmöglich machen,
in solcher Weise praktisch vorzugehen, dürfte von selbst
klar sein. Sogar Angehörige eines mit Oesterreich im
Kriege begriffenen Staates, in Bezug auf welche hier
die Grundsätze des Völkerrechts in Anwendung zu
bringen sein würden, erscheinen nach dem Entwurfe
als den fraglichen Strafbestimmungen unterworfen.
Denn in den einschlagenden Paragraphen des allge=
meinen Theils ist nur auf Staatsverträge, nicht auf
das Völkerrecht überhaupt als ausnahmebegründend
Bezug genommen. Hier dürfte eine Correctur wohl
unstreitig gefordert sein. Hienach würde die „gene-
ralis clausula" des § 107, c jedenfalls auf Inländer
zu beschränken sein. Glaubt man sie für diese nicht
entbehren zu können, so würde wenigstens auf eine
schärfere Fassung derselben zu sinnen und unbedingt das
mit ihr verbundene Strafmaß und zwar insbesondere
dessen Minimalsatz herabzusetzen sein.

Insoweit übrigens die Ausländer mit Recht unter
die Bestimmungen des § 107 zu ziehen sind, würden
mildere Strafsätze für dieselben motivirt sein, da die

Verletzung der Pflichtverhältnisse, in welchen der Inländer zum Staate steht, bei der rechtlichen Würdigung der den „Staatsverrath" conſtituirenden Handlungen unmöglich als ein gleichgültiges Moment
behandelt werden kann.

Von bedenklicher Weite iſt auch die Faſſung des
§ 138. Derſelbe verpönt Handlungen, welche geeignet ſind, Anderen wider beſtehende Nationalitäten,
anerkannte Religionsgenoſſenſchaften oder gegen ganze
Claſſen oder Stände der Geſellſchaft feindſelige Geſinnungen einzuflößen, und überhaupt ein Verhalten,
welches die Staatseinwohner zu feindſeligen Partei-
ungen gegen einander anreizt. Auch damit ſind Ver-
brechensbegriffe aufgeſtellt, deren conſequente Hand-
habung vielfache Unzuträglichkeiten in ſich ſchließen
würde. Wohl mögen in Vergangenheit und Gegen-
wart des öſterreichiſchen Staatslebens mächtige An-
regungen zu dem Verſuche liegen, umfaſſendere Garantien für den Beſtand des öffentlichen Friedens
zu gewinnen und über die Abwehr unmittelbarer
Angriffe hinaus entfernteſten Gefahren für denſelben
zu begegnen. Aber es darf in Zweifel gezogen werden,
daß mit ſtrafgeſetzlichen Beſtimmungen dieſer Art
große Erfolge zu erzielen ſeien. So lange die Ge-
genſätze des nationalen, politiſchen und kirchlichen
Lebens fortbeſtehen, wird auch der Parteikampf mit
ſeinen Gefahren für den öffentlichen Frieden dauern
und wird feindſelige Geſinnungen zum Ausdruck
bringen und erzeugen. Was dem gegenüber die innere
Politik zur Sicherung des Friedenszuſtandes leiſten
kann, iſt hier nicht zu berühren. Gewiß aber ſcheint,
daß ſie für ihre Präventionsverſuche in der Crimi-
nalgeſetzgebung (im Gegenſatze zur Polizeigeſetzgebung)

nur unsichere und bedenkliche Stützen finden kann. Es wird für dieselbe unmöglich bleiben, die Grenzen mit der von ihr zu fordernden Exactheit zu bestimmen, innerhalb welcher sich jener geistige Kampf bewegen könnte, ohne den äußeren Frieden zu gefährden; wie denn die im Entwurfe hiefür aufgestellten Merkmale an einer erschreckenden Vagheit leiden und die bedeutungsvolle Linie zwischen strafbar und erlaubt, statt sie zu markiren, zu einer völlig „unfindbaren" machen.

Aus dieser unvermeidlichen Unbestimmtheit der Begriffe aber, mit welchen hier zu operiren wäre, ergiebt sich, daß die darauf bezüglichen Urtheile mehr oder minder mit dem Charakter des Willkürlichen und darum Gehässigen behaftet sein müssen. Derartige Sentenzen aber wirken in dem hier fraglichen Gebiete bekanntlich leicht wie das Wasser auf Feuer, wenn es in unzulänglicher Menge ausgegossen wird. Keineswegs werden sie, selbst unsicher und einem ununterbrochen fortflutenden Kampfe gegenüber sporadisch einfallend, diesen Kampf in dem erwünschten sicheren Bette festzubannen vermögen.

Noch anderen Bestimmungen der in Frage stehenden Titel des Entwurfs gegenüber (z. B. denen des § 146 und 147) möchten sich die bisher vertretenen Gesichtspunkte geltend machen lassen. Es mag hier indeß genügen, sie im Allgemeinen einiger Beachtung empfohlen zu haben.

Im Uebrigen mögen, die politischen Verbrechen anlangend, nur wenige Bemerkungen hier angefügt werden:

Die Gründe, welche für die Behandlung geltend gemacht werden, die der Ministerialentwurf (§ 109)

im Gegensatze zum Referentenentwurfe den Verbrechen
wider die Kriegsmacht des Staates zu Theil werden
läßt, sind nicht allgemeiner Natur. Auch liegt das
Allgemeine zur Sache im Wesentlichen klar genug,
daher hier von einer Polemik dagegen Umgang genommen werden darf.

Nach § 119 sollen diejenigen, welche eine Zusam-
menrottung zum Zweck der Gewaltthätigkeit gegen die
Obrigkeit angestiftet haben, des Aufruhrs schuldig sein,
wenn die Obrigkeit sich veranlaßt sieht, die Aufruhr-
acte zu verkündigen. Dies ist eine Qualification ex
post; der Umstand, von welchem sie abhängt, folgt
der Handlung nach, und zwar als eine Aeußerung des
freien Ermessens der Behörden. Dies ist eine Ano-
malie, welche wohl ohne materielle Einbuße beseitigt
werden könnte.

Wenn der Thatbestand des Verbrechens der Wahlbestechung im Referentenentwurfe (§ 125, d und 139, d)
zu weit gefaßt sein dürfte, indem hienach jede Zuwendung von „Vortheilen“ zum Zwecke der Beein-
flussung der Wahl den Thatbestand erfüllen soll,
womit eine in consequenter Weise gar nicht zu wah-
rende Grenze zwischen erlaubter und verbrecherischer
Wahlbeeinflussung gezogen zu sein scheint, so möchte
es in der entgegengesetzten Richtung zu weit gehen,
wenn die Motive zum Ministerialentwurfe (S. 79)
nur die Bestechung der Wähler durch „unmittelbar
körperliche Geschenkgabe“ hintangehalten sehen wollen
und wenn demgemäß im § 124 des Ministerial-
entwurfs nur derjenige der activen Wahlbestechung
schuldig erklärt wird, welcher „durch ein Geschenk“
einen Wähler zur Ausübung seines Wahlrechts nach
einer gewissen Richtung . . . zu bestimmen sucht.

Jedenfalls wäre hier das Versprechen einer künftigen Schenkung der unmittelbaren Hingabe eines Geschenks gleichzustellen, wie dies seitens des Entwurfes selbst in Bezug auf die passive Wahlbestechung (verbis: wer als Wahlberechtigter ... ein Geschenk annimmt oder sich versprechen läßt) geschieht. Ein Grund, die active Wahlbestechung in dieser Beziehung anders zu behandeln, existirt nicht. Ferner möchte es sich empfehlen, dem wenig bestimmten Begriffe des „Geschenks" den des „pecuniären Vortheils" zu substituiren. Auf die körperliche Hingabe, also die Form der Zuwendung im Gegensatze zu der Natur des zugewendeten Vortheils, mit den M.-Motiven Gewicht zu legen, ist nicht motivirt. Hienach würden die Worte „durch ein Geschenk" im § 124 durch die Worte „durch Zuwendung oder Verheißung pecuniärer Vortheile" zu ersetzen sein.

Der Ministerialentwurf läßt, im Gegensatze zum Referentenentwurfe, die Mitglieder der Reichsvertretung und der Landesvertretungen eines besonderen Schutzes gegenüber von beleidigenden Angriffen nicht theilhaftig werden. Dies möchte an sich Bedenken nicht unterliegen. Würde es sich doch vertreten lassen, daß die Ehre der einzelnen Individuen überhaupt in ihren sämmtlichen Beziehungen, also auch nach der Seite der etwaigen öffentlichen Wirksamkeit dieser Individuen hin, in den allgemeinen Bestimmungen gegen die Ehrverletzungen ihre Vertretung finden könnten. Dem allgemeinen Interesse an der Integrität der Ehre aller öffentlichen Functionäre würde hier Rechnung zu tragen sein mit einer Beschränkung des Verfügungsrechtes der Beleidigten über die Anklage in Fällen, wo sich die Beleidigung auf ihren öffentlichen Charakter bezieht. Daneben würden unbefugte Eingriffe in ihre öffentliche Wirksamkeit selbst (wie dies unter Anderem im § 125 des M. Entwurfs geschieht) zu verpönen sein. — Allein, wenn einmal die besondere Ehre sämmtlicher Bediensteten mit selbstständigen Schutzwehren umgeben wird, so scheint es inconsequent und bedenklich zu sein, der besonderen Ehre der Volksrepräsentanten einen solchen Schutz zu versagen. Denn die auszeichnende Behandlung der Amts= und Dienstehre begründet sich in der Beziehung dieser Ehre zur Autorität des Gesammtwillens, welchen die betreffenden Functionäre in irgendeiner Richtung vertreten. Auch die Mitglieder des Reichsraths und der Landesvertretungen aber handeln als solche unter der Autorität dieses Willens, und die Verhöhnung ihrer Wirksamkeit berührt nicht minder die Ehre der Gesammtheit wie die Herabwürdigung der Thätigkeit beliebiger Beamteten. Oder sollte die Ehre des Nachtwächters oder des Corporals in einer näheren Beziehung zur Majestas civitatis stehen als die der Reichsrepräsentanten?

Gegen die Nothwendigkeit und beziehungsweise Nützlichkeit der Bestimmungen des § 136 über gesetzwidrige Veröffentlichungen, gerichtliche Untersuchungen und Verhandlungen betreffend, möchten sich entschiedene Bedenken geltend machen lassen. Wir werden das öffentliche Interesse nicht verhindern können, bei wichtigeren Verbrechensfällen die gerichtliche Untersuchung und Verhandlung mit hunderterlei bedachten und unbedachten Aeußerungen und mehr oder minder entschieden Partei nehmend zu begleiten. Wenn dies die Unabhängigkeit des richterlichen Urtheils gefährdet, dann wird dieselbe auch durch Bestimmungen

der fraglichen Art nicht zu sichern sein. Ist sie solch'
ein schwankes Rohr, so wird es an dem Wind nie
fehlen, der sie hierhin und dorthin niederbeugt.

II.

Zu den Bestimmungen über den Zwei= kampf.

Daß der Entwurf den Zweikampf nicht mit dem
geltenden Rechte zu den Verbrechen gegen die Sicher=
heit des Lebens, sondern zu den Störungen des
öffentlichen Rechtsfriedens zählt, daß er denselben fer=
ner nicht mit der entehrenden Zuchthausstrafe, sondern
nur mit Gefängniß und, von besonderen Qualifica=
tionen abgesehen, mit niedrigen Strafsätzen bedroht,
dies alles bedarf keiner Rechtfertigung und keiner
Anerkennung, da es einer sicheren Rechtsüberzeugung
und der Natur der Sache zweifellos entspricht. Auch
abgesehen von dem Zwange nämlich, den in Bezug
auf dies Vergehen die in gewissen Kreisen herrschende
Meinung ausübt und welcher von dem Gesetzgeber
nicht ignorirt werden darf, würde der Umstand, daß
die Handlung ihrer allgemeinen Natur nach auf
Motive hinweist, welche nicht als entehrende gelten
können, so wie der fernere Umstand, daß die etwa
sich ergebende Körperverletzung oder Tödtung aus
einer von dem Verletzten selbst gebilligten Procedur
hervorgeht, ihre Bedeutung behalten und sowohl die
Verhängung der Zuchthausstrafe wie die einer Ge=
fängnißstrafe verbieten, welche den für gemeine Kör=
perverletzung und Tödtung gedrohten Strafübeln quan=
titativ entspräche. Vgl. hierüber die Motivendarstellung
des Referenten S. 97.

Die Frage aber ist, ob der Entwurf dem bezeich=
neten Standpunkte im Einzelnen vollkommen gerecht
geworden sei, und hier möchten sich verschiedene Zweifel
begründen lassen.

1. Der M. Entwurf behandelt in Uebereinstim=
mung mit dem geltenden Rechte die Herausforderung
als das vollendete Verbrechen des Zweikampfs (§ 149),
während dieselbe nach dem Referentenentwurfe als
eine bloße Einleitungshandlung mit Strafe gar nicht
belegt werden soll. Die erstere Behandlungsweise nun
schließt nicht bloß eine sprachliche Unmöglichkeit ein
(insofern hienach in Bezug auf einen einseitigen Act,
die Herausforderung, von vollendetem Zweikampf zu
reden ist), sondern auch eine Abweichung von der
natürlichen ratio. Zwar wird in den Ministerial=
motiven dafür geltend gemacht, daß die bloße Heraus=
forderung bereits den Frieden im Staate störe
(S. 90); was nicht bestritten werden kann. Allein
es ist hiebei die Friedensstörung in einem anderen
Sinne verstanden, als in welchem sie das specifische
Merkmal des in Frage stehenden Verbrechens aus=
macht. In jedem Eingriffe in die Rechtssphäre eines
Anderen nämlich liegt eine Friedensstörung, insoferne
der Bestand des öffentlichen Friedens an die Herr=
schaft des Rechts geknüpft und in gewissem Sinne
mit ihr identisch ist. Der Zweikampf aber hat dar=
über hinaus ein besonderes Verhältniß zum Bestande
öffentlichen Friedens, insofern es sich bei ihm um die
Austragung eines Streites in anderen als den vom
Rechte gesetzten Formen handelt. Damit sind die be·
sonderen Garantien bei Seite gesetzt, welche in der
normalen Verwirklichungsweise des Rechtes für die
Erhaltung des Friedens geboten sind. Erst mit dem

Kampfe selber aber ist dem rechtlichen Verfahren das eigenmächtige, friedenstörende, substituirt. In der Herausforderung liegt nur ein Versuch, diese Substitution herbeizuführen. Dieselbe als vollendeten Zweikampf zu behandeln ist daher nicht logischer und rationeller, als es sein würde, etwa die Aufforderung zu einem Meineide als vollendeten Meineid zu behandeln.

Auch würde die Argumentation der M. Motive streng genommen noch über die Herausforderung hinaus in ein früheres Stadium zurückführen. Die erste Friedensstörung (in dem zuerst erwähnten Sinne des Wortes) wird nämlich häufig nicht mit der Herausforderung, sondern mit der Beleidigung, welche ihr vorausgeht und sie provocirt, gegeben sein.

Von dieser Beleidigung kann Alles gelten, was in den M. Motiven von der Herausforderung ausgesagt wird. Dieselbe kann eben so wie die letztere die Gegenpartie in die Zwangslage versetzen, sich entweder zu dem in Frage stehenden Verbrechen zu entschließen „oder dem Hohne und der Nichtachtung ganzer Gesellschaftskreise zu verfallen". Nach jener Argumentation der M. Motive müßten daher derartige Beleidigungen bereits als vollendete Zweikämpfe qualificirt werden!

Wenn in den M. Motiven ferner bemerkt wird, daß es dem herausfordernden Benehmen des Raufbolds Vorschub leisten würde, wenn man nicht schon die Herausforderung als Zweikampf strafbar erklärte (l. c.), so ist zunächst hiebei wieder irriger Weise vorausgesetzt, daß dem Raufbold stets die Rolle des Herausforderers zufalle. Nehmen wir, daß ein Ehrenmann durch systematische Provocationen zu einer

Herausforderung gedrängt wird. Nach dem M. Ent=
wurfe würde hier, wenn es nicht zum Kampfe (bez.
zur Stellung zum Kampfe) kommt, der Beleidigte
wegen vollendeten Zweikampfs zu bestrafen, der die
Schuld an der Affaire tragende Beleidiger dagegen
mit Strafe zu verschonen sein! — Dann ist über=
sehen, daß von einem Vorschubleisten in dem er=
wähnten Sinne da keine Rede sein könne, wo bei
der Strafausmessung das gebührende Gewicht darauf
gelegt wird, welche Partie die Hauptschuld an der in
dem Duelle gegebenen Friedensstörung trage. Der
Entwurf freilich hat, wie weiterhin zu zeigen sein
wird, diesem Momente den ihm zukommenden Ein=
fluß auf die Strafzumessung nicht gewahrt.

Uebrigens hat der Entwurf selbst dem Stand=
punkte, den er mit der besprochenen Fassung des Ver=
brechensbegriffs einnimmt, nicht in jeder Beziehung
Rechnung getragen. Nach § 151 soll der Zweikampf
„Verbrechen“ sein, wenn er den Tod eines der
Streitenden zur Folge hatte. Abgesehen davon, daß
die Herausforderung (an welche nach dem Entwurfe
bei dem Worte Zweikampf zunächst zu denken ist)
an sich den Tod der Streitenden nicht zur Folge
haben kann, wird hier die strafrechtliche Qualification
der Handlung von Umständen abhängig gemacht,
welche im Sinne des Entwurfs dem consumirten
Delicte nachfolgen und völlig außerhalb der Begriffs=
sphäre desselben liegen.

Ferner wird im § 155 dem freiwilligen Abstehen
vom Kampfe eine strafausschließende Wirkung beige=
legt, was sich vollständig rechtfertigen nur läßt, wenn
im Verhältniß der Herausforderung zum Kampfe
selbst ein Aufsteigen der Strafbarkeit stattfindet, und

wenn für die strafrechtliche Betrachtung der Schwer=
punkt in dem letzteren, nicht in der ersteren gele=
gen ist.

2. Der Entwurf legt sowohl bei der Unterscheidung
des „Verbrechens" vom „Vergehen" des Duells
(§ 151) wie in seinen Strafbestimmungen (§ 152, f)
alles Gewicht auf die materielle Verletzung, welche
aus dem Zweikampf hervorgeht und beziehungsweise
auf welche die Verabredung gerichtet war. Wenn nun
das letztere Moment, die Verabredung eines bestimm=
ten Erfolges, nicht mit Unrecht hervorgehoben zu sein
scheint (s. unten), so entspricht dagegen die Art, wie
die zufällig resultirenden Verletzungen als entscheidend
hingestellt werden, dem Standpunkte des Entwurfes
und der Natur der Sache nicht. Indem nämlich der
Entwurf das Duell trotz seiner thatsächlichen Rich=
tung gegen das Leben und die körperliche Integrität
in exclusiver Weise als Friedensstörung qualificirt und
die Annahme einer Concurrenz von Tödtung, bezie=
hungsweise Körperverletzung und jener ausschließt,
rückt er die fraglichen Verletzungen an Leib und
Leben unter den Gesichtspunkt des „volenti non fit
injuria" und macht es sich damit logischer Weise
unmöglich, das Maß der Verschuldung in erster Linie
als in Abhängkeit gerade von diesen Verletzungen
stehend zu erklären. Wollen wir hier nicht factisch
auf den vom Entwurf mit Recht perhorrescirten
Standpunkt des geltenden Rechtes zurückkehren und
also das Duell als ein Verbrechen gegen die Sicher=
heit von Leib und Leben behandeln, so dürfen wir
die in Rede stehenden Verletzungen nur neben und
im Zusammenhange mit anderen, zum Theile wich=
tigeren Momenten und nur als Zumessungsgründe

innerhalb der durch andere Rücksichten bestimmten
Strafrahmen in Betracht ziehen.

Es sei vergönnt diese Auffassung der im Ent=
wurfe vertretenen gegenüber etwas genauer zu ent=
wickeln.

a. Zunächst würde mit dem Entw. Gewicht auf
die Art des vereinbarten Kampfs, beziehungsweise
Kampfresultates zu legen sein, indem der Friedens=
bruch als ein um so intensiverer erscheint, in je
weiterem Umfange und in je energischerer Weise
durch die Vereinbarung an die Stelle der gesetzlichen
Rechtsverfolgung die eigenmächtige gesetzt wird. Hie=
durch bestimmt sich die Kluft, welche zwischen einem
auf den Tod eines der Streittheile gestellten Duelle
und einem gewöhnlichen Studentenduelle besteht; eine
Kluft, welche durch die auch bei dem letzteren mög=
licher Weise eintretende Tödtung eines der Duellanten
nicht ausgefüllt wird. Vom Standpunkte des öffent=
lichen Friedens aus erscheint es weitaus wichtiger,
welche Art von Duell gewählt sei, welche Regeln
und Bedingungen bei dem Kampfe gelten, als was
im einzelnen Falle dabei herauskomme. Anders natür=
lich von dem hier bekämpften Standpunkte des gel=
tenden österreichischen Rechts aus. — Mit dem frag=
lichen Momente würde die Unterscheidung des Ver=
brechens vom Vergehen des Duells in ausschließliche
Verbindung zu bringen sein. Die absoluten Straf=
abstufungen dagegen, welche der Entwurf mit Bezug
auf dasselbe etablirt, würden besser wegfallen. Sie
lassen für die Berücksichtigung der sonstigen Schuld=
momente den gebührenden Raum nicht.

b. Weiterhin würde darauf zu sehen sein, ob die
zur Bestrafung kommende Partie die Schuld, bez.

Hauptschuld an der im Duelle liegenden Friedens=
störung trage, ober ob sie jene Zwangslage für sich
geltend machen könne, in welche gegenüber von den
bestehenden Vorurtheilen auch der Rechtschaffenste in
Bezug auf eine Herausforderung zum Duelle gera=
then kann. Für denjenigen, welcher einen Zweikampf
ohne Noth und in frivoler Weise herbeiführt, leitet
sich aus jenen Vorurtheilen selbstverständlich keinerlei
Entschuldigung ab. Wenn hier die Einwilligung der
Gegenpartie sich als eine nur äußerliche, abgenöthigte
herausstellt, kann sich die Strafbarkeit des ersteren
unter Umständen der des Mörders annähern. Wäh=
rend die Strafbarkeit desjenigen, der, in einen ge=
wissen Nothstand versetzt, sich widerstrebend zur Ein=
gehung des Duells entschließt, nach allgemeinen Grund=
sätzen nur als eine geringe, dem Nullpunkte sich nä=
hernde, betrachtet werden kann. Hier haben wir eine
so große Verschiedenheit der Strafbarkeit, wie sie nur
bei wenigen Verbrechensarten vorkommen kann, und
für deren Würdigung, wenn nicht in besonderen Be=
stimmungen positive Garantien dafür geboten werden
wollen, jedenfalls die Möglichkeit durch die Aufstel=
lung weiter Strafrahmen gewahrt werden muß. Der
Entwurf aber bietet mit seinen, nach einem hiemit
in keinem Zusammenhange stehenden Merkmale abge=
stuften Strafmaßen (§ 152, a—d) diese Möglichkeit
nicht. Auch scheinen die Redactoren einer solchen um=
fassenden Berücksichtigung der dem Duelle unterliegen=
den Verhältnisse entgegen zu sein. Wenigstens spre=
chen sich die M. Motive gegen ein Hervorziehen der
Motive des Streites in die Oeffentlichkeit des gericht=
lichen Verfahrens aus; weil darin für den Betroffe=
nen leicht ein härteres Uebel gelegen sein könne, als

in der gesetzlichen Strafe selbst. (l. c. S. 89.) Aber
es ist klar, daß wir den die Motive des Zweikampfes
deckenden Schleier nicht respectiren können, ohne auf
ein die subjective Seite des Vergehens klarlegendes,
und folglich auf ein die materielle Schuld ergründen=
des Verfahren zu verzichten. Es bleibt hier nur die
Möglichkeit einer rein formalistischen Behandlungs=
weise, wie sie polizeilichem Unrechte im eigentlichen
Sinne, nicht aber criminellem Unrechte gegenüber ge=
rechtfertigt werden kann, und welche gerade in Bezug
auf das Duell besonderen Bedenken unterliegt, Bedenken, welche die für dasselbe in den M. Motiven
geltend gemachten Rücksichten überwiegen dürften. So
gewiß es weise ist, den in Bezug auf das Duell be=
stehenden Meinungen im Gesetze Rechnung zu tra=
gen, so gewiß würde es unweise sein, den Unfug, der
diese Meinungen zum Deckmantel nimmt, gesetzlich zu
protegiren. Es geschieht dies aber unzweifelhaft, wenn
wir jene dem Duelle unterliegenden Verhältnisse der
richterlichen Würdigung entziehen.

c. Endlich würde die thatsächlich resultirende Ver=
letzung in Betracht zu ziehen sein. Allein es scheint
unmöglich zu sein, den Urheber und den Dulder der=
selben einander gleich zu stellen. Wenn wir den Um=
stand, daß eine Kugel traf, dem Umstande gegenüber,
daß sie mit der Einwilligung des Verletzten auf die=
sen abgefeuert wurde, überhaupt als schulderhöhend
gelten lassen wollen, so sind wir hiebei auf die Ana=
logien der Körperverletzung rc. hingewiesen, und müs=
sen folglich den Thäter von dem Opfer der That
unterscheiden. Oder sollen wir denjenigen, der an dem
Gegner absichtlich vorbeischießt, selber aber von diesem
lebensgefährlich verwundet wird, um deßwillen, weil

er nicht unverletzt davon gekommen, und also um der sicheren Hand seines Gegners willen mit härteren Strafen belegen? Die Fassung des Entwurfs scheint dies zu fordern. Rechtspolitische Gründe aber dürften für das Gegentheil sprechen, und der natürliche Rechts= sinn möchte für einen derartigen Rigorismus kein Verständniß haben.

Von den hier hervorgehobenen Punkten abgesehen, möchte den Bestimmungen des Entwurfs über den Zweikampf (insbesondere auch den auf die Theilnahme und die vorsätzliche Verletzung der Kampfesregeln bezüglichen) Beifall zu spenden sein.

Auch die besondere Hervorhebung der Losung um das Leben (§ 156, f) und die Bedrohung derselben mit härteren Strafen ist zu billigen. Doch möchte es sich nicht rechtfertigen lassen, daß die infamirende Zuchthausstrafe für dieselbe vorgeschlagen wird. Daß bei diesem Verbrechen, was nicht zu läugnen ist, dem Betruge Raum gegeben sei, darf nicht dazu verleiten, eine praesumtio juris et de jure dafür aufzustellen, daß die Begehung dieses Verbrechens durch eine be= trügerische oder sonst infamirende Intention der Par= tien wirklich charakterisirt sei.

III.
Ueber die strafbare Selbsthülfe.

Am Schlusse des Titels von den Friedensstörungen enthält der Referentenentwurf eine allgemeine Be= stimmung über die eigenmächtige Verfolgung eines wirklichen oder vermeintlichen Rechtes (§ 163 des R. E.), welche im Ministerialentwurfe als angeblich über= flüssig weggeblieben ist. In den Erwägungen, welche die Commission zur Streichung derselben veranlaßt haben, scheint aber ein wichtiger Gesichtspunkt, welcher für ihre Annahme geltend gemacht werden konnte, außer Betracht geblieben zu sein.

Man glaubte nämlich von jener allgemeinen Bestimmung darum Umgang nehmen zu können, weil alle diejenigen Fälle eigenmächtiger Selbsthülfe, welche nach heutiger Rechtsauffassung eine Bestrafung forderten, unter irgendwelche sonstige Verbrechens- oder Vergehensbegriffe des Entwurfes gezogen werden könnten (M. Motive, S. 92). Es handelt sich aber überall nicht bloß darum, rechtswidrige Handlungen im Bereiche der Strafgesetzgebung irgendwo und irgendwie zu placiren, sondern, was die Redactoren sonst nicht außer Augen gelassen haben, auch darum, ihnen diejenige Stellung darin zu geben, die ihrer inneren Natur entspricht und ihnen eine gerechte und sachentsprechende Behandlung sichert.

Nun ergiebt sich in Bezug auf die verschiedenen Arten der eigenmächtigen Selbsthülfe die Frage, wonach sich ihre Behandlung in erster Linie zu bestimmen habe, ob nach dem bei allen diesen Arten gleichen materiellen Kerne der Rechtsverletzung, oder ob nach den verschiedenen Formen, in welche sie sich kleidet und welche zum Theil eine strafrechtliche Bedeutung gar nicht, zum Theil nur in untergeordneter Weise in Anspruch nehmen? Man setze, daß jemand die Bezahlung einer Forderung durch Täuschung seines Schuldners herbeiführt. Diese Handlung ist eine rechtswidrige nicht insoferne sie sich als eine auf Täuschung angelegte Wahrheitsentstellung, sondern insoferne sie sich als eigenmächtige Selbsthülfe charakterisirt. Es wäre daher offenbar verkehrt, wenn wir nicht die letztere, sondern die erstere Eigenschaft für ihre straf-

rechtliche Behandlung in erster Linie entscheidend sein
ließen. Es geschähe dies aber, wenn wir sie dem Ver=
brechen des Betruges subsumirten oder zur Seite
stellten, indem sie mit diesem Verbrechen eben nur
jene äußerliche, an sich bedeutungslose Eigenschaft ge=
mein hat. Man setze ferner, daß jemand eine von
ihm gekaufte, von dem Verkäufer aber widerrechtlich
zurückgehaltene Sache heimlich an sich nimmt. Von
dieser Handlung gilt wie von der vorigen, daß sie
das Recht nur als eigenmächtige Selbsthülfe verletzt.
Als Ueberführung der fremden Sache in die Herr=
schaft des Handelnden dient sie im Gegentheile dazu,
eine rechtliche Anforderung zu verwirklichen. Es wäre
daher durchaus unlogisch, sie um dieser letzteren
Eigenschaft willen, die sie mit dem Diebstahle gemein
hat, unter den Begriff des letzteren Verbrechens zu
ziehen und sie mit dem für dieses aufgestellten Maße
zu messen. Es würde dies nicht bloß ein formeller
Fehler sein, dem keine praktischen Inconvenienzen ent=
sprächen. Vielmehr würde der logische Verstoß eine
Verneinung der materiellen Gerechtigkeit einschließen,
wenn es anders eine Ungerechtigkeit enthält, eine
Handlung als Diebstahl zu qualificiren und mit den
Diebstahlsstrafen zu verbinden, welche mit dem Dieb=
stahl nur eine rein äußerliche, in einem strafrechtlich
bedeutungslosen Merkmale sich begründende Aehnlich=
keit hat.

Die eigenmächtige Selbsthülfe weist in allen ihren
Formen und in allen Steigerungen nicht auf eine
entehrende Gesinnung hin und ist daher mit ent=
ehrenden Strafen nicht zu bedrohen, mit entehrenden
Verbrechen nicht zu identificiren und nicht in Zu=
sammenhang zu bringen. Wenn irgendein Merkmal

darauf Anspruch hat, bei der Scheidung und Grup=
pirung der Rechtsverletzungen in Betracht zu kommen,
so ist es diese ihre Stellung zur Infamie, und wenn
irgendwelche Rechtsverletzungen hiezu eine bestimmte,
jeden Zweifel ausschließende Stellung einnehmen, so
sind es die verschiedenen Arten der Selbsthülfe auf
der einen, die ihnen äußerlich ähnelnden gewinnsüch=
tigen Eigenthumsverbrechen (Betrug, Diebstahl, Er=
pressung) auf der entgegengesetzten Seite. Der Ent=
wurf aber ignorirt dies, indem er die Eigenmacht je
nach ihren formellen Merkmalen mit dem Diebstahle, dem
Betruge, der Erpressung in Beziehung bringt und sie mit
den nur für diese passenden infamirenden Strafen bedroht.

Dabei ist die Behandlung derselben zugleich, eine
natürliche Folge der Zersplitterung des Stoffes, eine
willkürlich ungleichmäßige. Hieher gehört es, wenn
die in die Form der Erpressung sich kleidende straf=
bare Eigenmacht nach dem Entwurfe nur auf Antrag
des Verletzten zur Bestrafung gezogen werden soll
(§ 260), während die durch Täuschung sich vermit=
telnde, welche ohne Zweifel einen minder graven
Charakter hat, von Amts wegen verfolgt werden soll
(§ 280). Während ferner die letztere ganz allgemein
bedroht wird, soll die durch psychologischen Zwang
vermittelte nur dann als strafbar gelten, wenn die
Drohung auf Körperverletzung gerichtet ist (§ 258, 1).

Nach allem wird es nicht als eine Willkürlichkeit
erscheinen, wenn hier dem Systeme des Entwurfes
gegenüber eine selbstständige und einheitliche Behand=
lung der eigenmächtigen Verfolgung von Rechtsan=
sprüchen empfohlen wird.

Man macht jedoch gegen die letztere geltend, daß
sie die Grenzen des strafrechtlichen Gebietes in einer

nach Maßgabe der Anschauungen und Bedürfnisse der Jetztzeit zwecklosen Weise erweiterte. Nach diesen Bedürfnissen nämlich sei umgekehrt eine Erweiterung der im bürgerlichen Rechte begründeten Befugnisse, sich selber Deckung und Hülfe zu verschaffen, ange= zeigt (l. c. S. 92). In dieser Bemerkung liegt ohne Zweifel etwas richtiges. Der Zug der Zeit geht auf eine Ausdehnung der Grenzen freier Bewegung in den Rechtsbeziehungen der Einzelnen zu einander. Wir erkennen in ihnen die natürlichen Wächter ihrer eigenen und der in diesen engagirten allgemeinen Interessen und räumen ihrer Entschließung und Thä= tigkeit dem entsprechend einen mannigfachen Einfluß auf die Verwirklichung der Rechtsgrundsätze ein. Hieher gehört die Abhängigmachung der Strafver= folgung bei zahlreichen Vergehen vom Antrage des Privatverletzten so wie der Einfluß des Verzichtes auf die Bestrafung seitens desselben nach Stellung des Strafantrages. (§ 95 des M. Entw.) Hierher gehört ferner die Behandlung, welche heutzutage im Allgemeinen den Uebervortheilungen im Vermögens= verkehre zu Theil wird. Ferner, worauf die M. Motive hinweisen, die Begünstigung gewisser Formen der Selbsthülfe im neueren Handelsrechte. Wenn nun hier das allgemeine bürgerliche Recht sich im Rück= stande befindet, indem es dem Retentionsrechte des Einzelnen allzu enge Schranken zieht, so möchte daraus eine Anforderung an den Civilgesetzgeber erwachsen, den civilistischen Fehler auf civilistischem Gebiete zu corri= giren, ein Grund gegen die hier vertretene strafrechtliche Behandlung der Eigenmacht dagegen nicht abzuleiten sein.

Vielmehr dürfte sich aus der besprochenen Rechts= auffassung ein Argument gerade gegen das System des Entwurfes ergeben, indem nichts in schrofferem Widerspruche mit derselben zu stehen scheint, als ein Zusammenwerfen der Selbsthülfe mit den schweren und infamirenden Verbrechen, von welchen sie die äußeren Merkmale borgt.

In Frage ziehen läßt es sich indeß, ob die rationell gezogene Grenze der rechtlich erlaubten Selbsthülfe allgemein unter strafgesetzliche Sanction zu stellen, ob also die im Referentenentwurfe vorgeschlagene ausnahmslose Bedrohung ihrer Ueberschreitungen motivirt sei. Es läßt sich insbesondere darüber streiten, ob die eigenmächtige Besitzstörung eine Bestrafung fordere (M. Motive, S. 92). U. E. hat es kein Bedenken, die allgemeine Strafbestimmung über die Selbsthülfe sich auch auf diesen Fall erstrecken zu lassen, wenn nur das Mindestausmaß der Strafe niedrig genug gegriffen ist. Sollte sich indeß auch eine Beschränkung dieser Strafregel begründen lassen (was genauer zu prüfen hier zu weit führen würde), so möchte sich daraus jedenfalls ein durchschlagender Grund gegen die Aufstellung der Regel selbst, der dann nur die betreffende Ausnahme beizufügen wäre, nicht ergeben.

Uebrigens möchte es sich empfehlen, in die Definition des Vergehens, wie sie sich im Referentenentwurf findet, die Worte „außer den Fällen erlaubter Selbsthülfe" aufzunehmen. An die Stelle des Arrestes würde nach dem Gesagten, in Uebereinstimmung mit dem Verbesserungsantrag des Referenten, die Strafe der Einschließung zu treten haben. Dabei aber würde sich angesichts einer großen Mannigfaltigkeit von schwereren und leichteren Fällen rechtswidriger Selbsthülfe einerseits ein höheres Strafmaximum, andererseits ein niedrigeres Strafminimum empfehlen. Daß eine Verfolgung nur auf Verlangen des Verletzten eingeleitet werden solle, ist im Referentenentwurf mit Recht bestimmt.

IV.
Zu den Bestimmungen über die Urkundenfälschung.

Zu den am wenigsten glücklichen Bestimmungen des Entwurfes dürften die über die Urkundenfälschung so wie die über die analog behandelte Fälschung öffentlicher Siegel gehören. Es ist aber, um dies Urtheil zu rechtfertigen und für irgendwelche Vorschläge eine Grundlage zu gewinnen, hier ein weiteres Ausholen erforderlich, weil für die gesetzliche Behandlung dieser Verbrechensarten bis dahin ein aller Anfechtung enthobener und einer weiteren Begründung nicht mehr bedürftiger Standpunkt überhaupt noch nicht gewonnen ist.

1. Die entscheidende Frage, durch deren Beantwortung die Stellung des Gesetzgebers diesen Verbrechen gegenüber zunächst bestimmt werden muß, ist die nach dem Objecte, gegen welches sie sich richten und um dessen Integrität und Sicherheit es dem Gesetzgeber bei den bezüglichen Strafbestimmungen zu thun ist.

Dieses Angriffsobject nun ist bei den verschiedenen Fälschungsarten und gewissen denselben nach ihrem wesentlichen Charakter nahetretenden Verbrechen in dem öffentlichen Credit zu suchen, dessen gewisse für den Verkehr und beziehungsweise für die Rechtspflege unentbehrliche Beglaubigungsformen oder -Zeichen theilhaftig sind. Hieher gehören die öffentlichen Geld-,

Werth= und Verkehrszeichen, die öffentlichen Siegel, die Formen der öffentlichen und Privaturkunden rc. Es schließen sich an der Eid und das öffentliche Zeugniß. Das in Frage stehende Object nun, d. i. der Credit dieser Formen, wird durch jede dolose Inanspruchnahme dieses Credits für Nachahmungen der bezeichneten Formen, also für falsche oder ge= fälschte Urkunden, falsche öffentliche Siegel, falsche Eide rc., verletzt. In der Wahrung desselben aber handelt es sich unmittelbar um ein allgemeines gesell= schaftliches Interesse. Wir werden daher die gegen denselben gerichteten Angriffe, wenn wir sie überhaupt als selbstständige Verbrechensarten behandeln wollen, nicht den gegen die Rechte Einzelner gerichteten Pri= vatverbrechen (Betrug, Diebstahl, Erpressung rc.), sondern den unmittelbar gegen die Gesammtheit ge= richteten Verbrechen einzureihen haben, wie dies im Ministerialentwurfe auch geschehen ist.

2. Es kommen diese Verbrechen aber regelmäßig in engster Verbindung mit gewissen anderen Rechts= verletzungen (am meisten mit der betrügerischen Ver= letzung fremder Vermögensrechte) vor, welche mit Hülfe der Fälschung, beziehungsweise des Meineids, ausgeführt werden wollen. Ja wir können sagen, daß von diesen Verbrechen nur da die Rede sein könne, wo zugleich ein directer oder indirecter Angriff gegen irgendwelche sonstige reale oder ideale Güter (Ver= mögen, Freiheit, Leben rc.) vorliegt. Denn der Credit jener Formen ist eines rechtlichen Schutzes überall nur theilhaftig um seines Zusammenhanges mit der Integrität dieser Güter willen, und darum auch nur insoweit, als ein solcher Zusammenhang wirklich be= steht. So ist die Zuverlässigkeit des Eides mit rechtli=

chen Garantien nur umgeben um der realen und
idealen Güter willen, welche durch den Meineid verletzt werden können, und nur insoweit, als sich in
letzterem eine Gefahr für die betreffenden Güter begründet. Ein falscher Eid über rechtlich gleichgültige
(d. i. eben jene Güter nicht berührende) Thatsachen
wird nicht mit Strafen belegt. Das Gleiche gilt von
den Fälschungen. Auch bei ihnen lassen sich jene zwei
Beziehungen nachweisen: die auf jenen öffentlichen
Credit, das allgemeine Object dieser Verbrechensarten,
und die auf die besonderen Güter, gegen welche sich der
Gebrauch der betreffenden falschen Beglaubigungsformen richtet.

In diesem Zusammenhange begründet sich die
Möglichkeit einer zweifachen Behandlungsweise der
fraglichen Verbrechen und in specie der Urkundenfälschung. Wir können denselben, wie es oben vorausgesetzt worden ist, eine selbstständige Behandlung zu
Theil werden lassen oder sie als Auszeichnungsgründe
beim Betruge und überhaupt bei denjenigen Verbrechen aufführen, welche mit ihrer Hülfe begangen werden können. Das erstere System findet sich, was die
Urkundenfälschung betrifft, u. A. im preußischen Strafgesetze, das zweite im neuen bairischen und neuen
sächsischen Strafgesetze (vergl. das geltende österreichi-
sche Recht) adoptirt. Für die erstere Behandlungsweise spricht die immer steigende Bedeutung jener
Beglaubigungsformen und speciell der öffentlichen
und Privaturkunden und ihres Credits für den allgemeinen Verkehr. Es heißt diese Bedeutung verken-
nen, wenn wir von den soeben unterschiedenen Beziehungen der einzelnen in Rede stehenden Verbrechen
die Beziehung auf den öffentlichen Credit als die

untergeordnete behandeln. Ferner ist für dies System die Eigenartigkeit des Objects, um dessen Schutz es sich hier handelt, geltend zu machen. Derselben ist in vollkommener Weise nur Rechnung zu tragen in selbstständigen Schutzbestimmungen. Auch besteht in Bezug auf die selbstständige Behandlung gewisser Fälschungsarten (z. B. der Münzfälschung und der Fälschung öffentlicher Creditspapiere) kein Dissens. In einem consequent entwickelten Systeme aber beanspruchen alle Arten dieses Verbrechens die gleiche selbstständige Behandlung.

Die zweite Behandlungsweise ist dagegen die technisch einfachere. Sie umgeht die Schwierigkeiten, die sich auf dem Wege der ersteren ergeben, was immerhin einer unzulänglichen Bewältigung derselben vorzuziehen sein dürfte.

Der Entwurf nun, statt sich für eines dieser Systeme, wie es geschehen muß, zu entscheiden, sucht beide neben einander zu verwirklichen! Er giebt der Fälschung eine selbstständige Stellung im 12. Titel und stellt daselbst eine selbstständige Strafenscala für sie auf; zugleich aber behandelt er sie als Auszeichnungsgrund beim Betruge (§ 275, e), ohne daß diese beiden einander ausschließenden Berücksichtigungsweisen in ein alternatives Verhältniß zu einander gesetzt wären. Hienach würde das in der Fälschung gelegene Schuldmoment in der Regel (nämlich so oft die Fälschung als Mittel zur Betruge vorkommt) zwei Mal in Ansatz zu bringen sein! — In dem citirten § 275, e ist allerdings nur die Fälschung öffentlicher Urkunden unter den Qualificationen des Betrugs aufgeführt, allein aus der inclavirten Verweisung so wie aus dem Zusammenhange (vgl. § 275, i, mit § 163)

scheint hervorzugehen, daß wir es hier nur mit einem
redactionellen Versehen zu thun haben. — Vielleicht
denkt man, daß nach der Intention der Redactoren
der selbstständige Fälschungsthatbestand der §§ 168, f
(beziehungsweise der §§ 163, f, und 167) nur zur
Anwendung kommen solle, wenn die Fälschung nicht
als Mittel zu einem Betruge figurire und also die
Bestimmung des § 275, e (bez. 275, g, h, i) nicht
platzgreife? Dem steht aber der Inhalt sowohl
des § 170, wie der des § 171 entgegen, indem in
ihnen ausdrücklich von Fällen die Rede ist, wo die
Fälschung einem Betruge zur Vermittlung dienen
sollte. — Oder glaubt man vielleicht beide Behand=
lungsweisen in der Art vereinigen zu können, daß
man die Fertigung der falschen Urkunde (bez. des
falschen Siegels, der falschen Werthzeichen ꝛc.) auf
den selbstständigen Verbrechensthatbestand der §§ 168, f
(bez. 163, f, 167), die Anwendung der gefälschten
Instrumente dagegen auf die Qualificationen des
§ 275 bezogen haben will? Auch dem steht der In=
halt der citirten Paragraphe aufs entschiedenste ent=
gegen (vgl. insbesondere § 168, 4; 164, II, III). —
So führt uns hier keine mögliche Interpretation über
die Zumuthung hinaus, das als Fälschung charakteri=
sirte Unrecht zugleich als selbstständiges Delict und
als Betrugsqualification zu bestrafen.

Aber der Entwurf geht hier noch weiter. Nicht
nur das die Fälschung als solche charakterisirende
Schuldmoment (die Verletzung jenes öffentlichen Cre=
dits), sondern auch das andere, welches nach dem
oben Ausgeführten in dem Thatbestande dieses Ver=
brechens liegt (der Angriff auf die besonderen Rechte,
denen gegenüber das gefälschte Instrument geltend

gemacht werden will), würde nach dem Entwurfe in der Regel in doppelten Ansatz zu bringen sein. Mit der Bestrafung eines Verbrechens nämlich kommen sämmtliche Momente, welche zu seinem Thatbestande gehören, zur Berücksichtigung. So mit der Bestrafung der Fälschung der besprochene, zu ihrem Thatbestande gehörige Angriff gegen fremde Vermögens= oder andere Rechte. Wenn wir dieses Schuldmoment daneben noch mit selbstständigen Strafen verknüpfen, so bringen wir dasselbe, wie auf der Hand liegt, zwei Mal in Rechnung. Der Entwurf aber fordert dies, indem er im § 171 bestimmt, daß, wenn die Fälschung einem Betruge oder anderen Verbrechen (bez. Vergehen) zur Ausführung diene, die Strafe dieses Verbrechens (bez. Vergehens) noch neben der Fälschungsstrafe verhängt werden solle. Es sollen also hier die Grundsätze über Concurrenz Platz greifen, ohne daß doch wirkliche Concurrenzfälle vorliegen. Denn es ist keine Verbrechensconcurrenz, wenn ein und dasselbe Schuld= moment (hier der besprochene Angriff gegen fremde Vermögens= oder andere Rechte) in zwei Verbrechens= begriffen vorkommt.

Wenn wir mit dem M. Entwurfe die Fälschung einer selbstständigen Behandlung unterziehen, so können wir, wenn wir exact verfahren wollen, den Umstand, daß der in der Handlung liegende Angriff gegen die fremden (Vermögens=) Rechte beim Ver= suche stehen geblieben, bez. daß er zur Vollendung vorgeschritten, nur bei der Strafabstufung zur Berück= sichtigung bringen.

3. Was nun den selbstständigen Thatbestand der Urkundenfälschung anbetrifft, so schließt derselbe, wie schon aus dem Bisherigen hervorgeht, als ein wesent=

liches Requisit den Gebrauch des gefälschten Instru=
mentes ein. Erst mit diesem liegt ein Angriff gegen
jene Grundlage des Verkehrs, die „publica fides" der
in Frage stehenden Beglaubigungsformen vor. Die
Fertigung einer Urkunde mit erdichtetem Inhalte und
die anderen im § 168, 1 bis 3, bezeichneten Hand=
lungen enthalten an sich keinen Eingriff in eine
fremde Rechtssphäre. Eben so wenig wie die Anschaf=
fung einer Waffe, mittelst welcher ein Mord aus=
geführt werden kann. Wir haben darin möglicher
Weise eine Vorbereitungshandlung für eine künftige
Rechtsverletzung, weiter nichts. Diese bloß möglichen
Vorbereitungshandlungen für ein Verbrechen der Fäl=
schung werden aber im Entwurfe als vollendete Ver=
brechen der Urkundenfälschung behandelt.

Liegen für eine solche anomale Behandlung dersel=
ben zureichende Gründe vor? Ohne Zweifel kann
auch die Bestrafung einer bloßen Vorbereitungshand=
lung unter dem Gesichtspunkte der Gefährlichkeit ge=
rechtfertigt erscheinen. Und es gilt dies auch in Bezug
auf die Vorbereitungshandlungen bei gewissen Fäl=
schungsarten. So z. B. ist die Verpönung der Fer=
tigung falscher Münzen (wiewohl dieselbe an sich
einen Eingriff in eine fremde Rechtssphäre nicht ent=
hält) motivirt wegen der unmittelbar drohenden und
eminenten Gefahr für die Sicherheit des Verkehrs,
welche sich darin begründet, und weil die Ausgabe
der falschen Münzen, und somit das eigentliche Delict,
sich der gerichtlichen Feststellung leicht entzieht, wäh=
rend doch bezüglich der Absicht einer rechtswidrigen
Verwendung derselben im Allgemeinen kein Zweifel
sein wird. Bei der Urkundenfälschung aber trifft dies
alles nicht zu.

3*

Die bloße Existenz einer Urkunde mit unrichtigem Inhalte bei jemandem z. B. begründet keine unmittelbare Gefahr für die Sicherheit des Verkehrs und keinen Beweis in Betreff der rechtswidrigen Absicht, und die eigentliche Rechtsverletzung, d. i. der Gebrauch der falschen Urkunde, entzieht sich der gerichtlichen Feststellung hier durchaus nicht mehr wie bei anderen Delicten.

Sollte man gleichwohl die Bedrohung der bloßen Fertigung einer falschen Urkunde nicht aufgeben wollen, so würde dieselbe doch jedenfalls nur in dem Sinne zulässig sein, in welchem der Besitz unrichtiger Maße und Waagen mit Strafen verknüpft zu werden pflegt, d. i. in einem lediglich polizeilichen Sinne. Der Entwurf aber stempelt sie zu criminellem Unrechte und identificirt sie mit dem eigentlichen Verbrechen der Urkundenfälschung, was nimmermehr gerechtfertigt werden kann.

Eine Consequenz dieser Behandlungsweise ist es, daß das freiwillige Abstehen von dem Verbrechen hier nach dem Entwurfe gänzlich ohne Einfluß auf die Bestrafung bleiben soll, während sonst das freiwillige Abstehen nicht bloß von der Rechtsverletzung überhaupt, sondern sogar von der Vollendung des bereits versuchten Verbrechens straflos macht!

4. Aber es ist nicht genug damit, daß von der Urkunde irgendwelcher, vielleicht rechtlich indifferenter Gebrauch gemacht werde, sondern es muß der Credit der echten Urkunde für sie in Anspruch genommen werden (s. oben s. 1), oder, was dasselbe ist, sie muß als Beweismittel in Bezug auf irgendwelche Rechtsverhältnisse präsentirt werden. Jeder andere Gebrauch berührt das oben besprochene Angriffsobject der Fäl-

ſchungsverbrechen nicht. In den einſchlagenden Be=
ſtimmungen des Entwurfes aber (§ 170) iſt dieſe
Grenze nicht gezogen.

5. Der Gebrauch der falſchen Urkunde muß ferner,
wie sub 2 näher dargelegt worden iſt, eine Rich=
tung gegen die Rechte Anderer haben. Die Beſtra=
fung eines Gebrauchs, der niemandes rechtliche In=
tereſſen beeinträchtigt und auf eine ſolche Beeinträch=
tigung nicht angelegt iſt, entſpricht keinem Bedürfniſſe.
Daß dieſe Richtung ferner im Bewußtſein des
Handelnden liegen, daß derſelbe alſo in rechtswidriger
Abſicht handeln müſſe, iſt bei der Urkundenfälſchung
jedenfalls zu fordern. Ein fahrläſſiges Gebahren mit
falſchen Urkunden zum Nachtheile fremder Rechte iſt
ohne Zweifel denkbar; aber als ein durchaus vereinzelt
auftretendes und ſozuſagen zufälliges, keiner Nach=
ahmung fähiges Vorkommniß würde es eine Gefahr
für den Credit der echten Urkunden nicht in ſich
ſchließen. Eher läßt es ſich motiviren, wenn ein ſol=
ches fahrläſſiges Gebahren in Bezug auf falſche Geld=,
Werth= und Verkehrszeichen mit Strafe bedroht wird
(§ 166 des Entwurfes), weil dieſelben in Maſſe pro=
ducirt zu werden pflegen, und die Thatſache, daß
etwas davon ausgegeben worden iſt, häufig genügen
wird, eine gewiſſe Unſicherheit hervorzubringen.
Der Entwurf aber ſieht auch von den letztgenanten
Requiſiten der Urkundenfälſchung ab und zieht da=
mit eine Menge von Handlungen unter den Begriff
dieſes Verbrechens, welche weder mit der Verletzung
jener Grundlage des Verkehrs etwas zu thun haben,
noch überhaupt eine Beſtrafung rechtfertigen.
Man ſehe wohl zu, was man hier von den Ele=
menten des Verbrechens übrig behält! Wenn wir mit

dem Entwurfe von der Anwendung der falschen Urkunde als einem allgemeinen Requisite absehen, so
bleibt uns, wie oben gezeigt wurde, in ihrer Herstellung nur eine mögliche Vorbereitungshandlung für
ein Verbrechen übrig. Eine wirkliche Vorbereitungshandlung haben wir darin aber nur, wenn sie in
rechtswidriger Absicht erfolgt.

Indem wir nun mit dem Entwurfe auch die letztere als ein allgemeines Requisit nicht anerkennen,
bleibt uns vom Verbrechen der Urkundenfälschung
einfach nichts — ein criminalistisches Pendant zu
dem Messer ohne Stiel und Klinge — in Händen!
Wer in einer Schuldverschreibung die ihm geschuldete
Summe eigenmächtig herabsetzt, der würde nach dem
Entwurf (§ 168, 3; 170 i. f.) für diese generöse
Handlung als Fälscher mit mehrmonatlicher Einschließung zu belohnen sein. Wer sich mit Bezug auf
ein gar nicht bestehendes Forderungsverhältniß als
Schuldner bekennt, oder wer in Bezug auf ein ma-
teriell begründetes Schuldverhältniß eine Urkunde mit
fingirtem Titel errichtet, oder wer ein Blanquet
eigenmächtig mit beliebigem harmlosem Inhalte aus-
füllt, diese alle gesellt der Entwurf (§ 168, 2;
169 b) in der Kategorie der Fälscher den ge-
fährlichsten Feinden des Vermögensverkehrs, infamen
Gaunern und Betrügern zu.

6. Nach dem bisher Gesagten würde nur derjenige
als der Urkundenfälschung schuldig zu betrachten sein,
der von einer falschen oder gefälschten Urkunde und
zwar als von einer Urkunde und in der Absicht, die
Rechte Anderer dadurch zu beeinträchtigen, Gebrauch
macht. Von den hierin zusammengefaßten Merkmalen
würde der Begriff der Urkunde eine genauere Er-

läuterung verdienen. Die einschlagenden gesetzlichen Definitionen sind aber vielfach zu umfassend. So die des preußischen, welches eine Schrift fordert, die zum Beweise von Rechten und Rechtsverbindlichkeiten „von Erheblichkeit" ist. Was kann nicht alles in diesem Sinn als erheblich charakterisirt werden! Richtiger würden Schriften vorauszusetzen sein, welche zum Beweise von Rechten und Rechtsverbindlichkeiten zu dienen bestimmt sind. Denn in der Wahrung des Credits solcher Schriften ist der praktische Zweck einer legislativen Auszeichnung der Urkundenfälschung gegeben.

7. Neben der so begrenzten Urkundenfälschung aber würden andere Schriftfälschungen, wenn wir dies Wort in einem weiteren Sinne gebrauchen dürfen, in besonderen Bestimmungen zu berücksichtigen sein. So die unbefugte Nachahmung von fremden Fabrik- und Waarenzeichen (M. Entwurf § 169, c). Wir haben in ihr eine eigenthümliche und minder grave Verletzung jener publica fides, für welche es motivirt wäre, besondere Strafsätze aufzustellen. Ferner die Fälschung von Zeugnissen über thatsächliche Verhältnisse, sofern sie auf Personen lauten, welchen öffentliche Glaubwürdigkeit beigelegt ist. Eine allgemeine Ausdehnung solcher Bestimmungen auf Privatzeugnisse dürfte keinem Bedürfnisse entsprechen. — Ferner die unbefugte Ausfüllung eines Blanquets (§ 169, b). Sie würde mit der Strafe der Urkundenfälschung selbstverständlich nur unter den gleichen Voraussetzungen wie die letztere selber zu bedrohen sein. Die Herstellung einer Urkunde mit erdichtetem Inhalte wird vom Entwurfe der Urkundenfälschung ganz allgemein zugezählt. Es ist dies ein auffallender

und weder mit theoretischen, noch mit praktischen Gründen zu rechtfertigender Rigorismus. Die Beschränkung dieser „intellectuellen Fälschung" würde auf öffentliche Urkunden zu beschränken und dabei ebenfalls an die sub 4 und 5 entwickelten Voraussetzungen zu binden sein. Simulationen in Privaturkunden berühren das Object der Fälschungsverbrechen nicht. Dienen sie einem Betruge zur Durchführung, so genügt es, wenn der Letztere zur Bestrafung kommt.

8. Das Strafmaß ist für die Fälschung natürlich höher zu greifen als für den Betrug. Ein Angriff gegen jenen öffentlichen Credit wiegt für die Gesammtheit schwerer als ein gegen die Vermögensrechte Einzelner (das Object des Betruges) gerichteter. Außerdem schließt ja der Thatbestand der Fälschung, wie sich aus dem oben Ausgeführten ergiebt, für die Regel einen Betrug, bez. Betrugsversuch ein, welcher in der zu verhängenden Strafe seine Berücksichtigung ebenfalls finden muß. — Daß von diesen beiden Verbrechenselementen das erstere das bedeutsamere sei, ist bei der selbstständigen Behandlung der Fälschung vorausgesetzt.

Das Strafmaß des Entwurfes würde dem exact begrenzten Thatbestande der Urkundenfälschung gegenüber viel zu niedrig sein. Die Einschließungsstrafe würde hier zu streichen, die Zuchthausstrafe dagegen einzuführen sein. Die auffallende Milde der Strafsätze des fraglichen Paragraphs (§ 170) hat ihren Grund offenbar in dem eigenthümlichen, ungeklärten Verhältniß, in welchem die Fälschung im Entw. zum Betruge und speciell zu dem durch Fälschung qualificirten Betruge steht.

Der durch die Urkundenfälschung begangene oder
versuchte Betrug ist, wie schon erwähnt, bei Ausmes=
sung der Strafe für die erstere in Ansatz zu bringen,
und es ist dies bei der Normirung des bezüglichen
Strafmaßes im Gesetze zu berücksichtigen. Der Ent=
wurf aber proclamirt hier die Grundsätze über Con=
currenz; während er in Bezug auf die anderen Fäl=
schungsarten zum Theile ein anderes System vertritt.
So in Betreff der Geldfälschung und der Fälschung
öffentlicher Creditspapiere.

Bei Aufstellung des bezüglichen Strafmaßes ist an
eine Cumulirung der hienach zu verhängenden Fäl=
schungsstrafe mit der Betrugsstrafe sicherlich nicht ge=
dacht worden. Eine singuläre Berücksichtigung findet
ferner der durch Verwendung öffentlicher Werth= oder
Verkehrszeichen begangene Betrug im § 164, III.
Der Gegensatz, den hier die M. Motive (S. 94)
zwischen einem durch die Fälschung an sich herbei=
geführten und einem für Dritte durch Irreführung
mittelst des Falsificates erwachsenden Nachtheile machen,
hat keine Bedeutung. Der erstere ist mit dem die
Fälschung als solche charakterisirenden Momente der
Verletzung der publica fides eben so wenig identisch
wie der letztere, und dieser bei der Würdigung der
concreten Fälschung eben so wenig als gleichgültig zu
behandeln wie jener.

V.
Zur Bestimmung über die Verbreitung atheistischer Ansichten.

Während im Referentenentwurfe das im geltenden
Rechte sich findende Verbrechen der Unglaubenver=
breitung völlig und mit Recht übergangen worden

4

ift, hat daßſelbe im Miniſterialentwurfe eine Fort=
exiſtenz, wennauch nur in beſchränkteren Formen, ge=
wonnen. Derſelbe bedroht nämlich im § 184 f. den=
jenigen, welcher Andere öffentlich von dem Glauben
an Gott abwendig zu machen ſucht, als Verbrecher
mit 4 bis 12 Monaten, beziehungsweiſe 1 bis 4 Jahren
Zuchthaus.

Wenn für die fortdauernde Nothwendigkeit einer
ſolchen Beſtimmung ſpecifiſch öſterreichiſche Verhält=
niſſe angerufen würden, ſo wäre es für einen Aus=
länder ſchwierig, dem gegenüber Poſition zu nehmen.
Allein in den M. Motiven werden nur Gründe all=
gemeinerer Natur hiefür beigebracht, Gründe, denen
ſich vom allgemeinen Standpunkte aus mit Gegen=
gründen antworten läßt.

Die fragliche Beſtimmung hat ihre eigentliche Be=
deutung philoſophiſchen Erörterungen atheiſtiſcher Rich=
tung gegenüber. Denn wer nicht durch Gründe, ſon=
dern durch Schmähungen oder ſonſt durch die Form
ſeiner Aeußerungen die in Frage ſtehende Wirkung
herbeizuführen ſuchte, für deſſen Beſtrafung wären in
den ſonſtigen Beſtimmungen des 15. Titels (von
ſtrafbaren Handlungen wider die Religion) Anhalts=
punkte genug gegeben. Nun räumen die M. Motive
ein, daß Ausführungen der erſteren Art einen Ein=
fluß auf weitere Kreiſe nicht zu gewinnen pflegen,
was gewiß in dem Sinne richtig iſt, daß dem Volke
im Ganzen das Gottesbewußtſein nimmermehr ab=
handen kommen wird ſo wie daß diejenigen Beſtand=
theile der Bevölkerung, welche hier als eines Schutzes
bedürftig und fähig allein bezeichnet werden könnten,
Erörterungen jener Art nicht zugänglich zu ſein
pflegen. Diejenigen Geſellſchaftskreiſe, an welche ſich

dieselben ihrer Natur nach richten, auf strafgesetzlichem Wege gegen gewisse Ueberzeugungen schützen zu wollen, würde thöricht sein. Betreffende Strafbestimmungen würden sich hier auch als „Gitter im Wasser" ausweisen, welche die Wellen des immerwährenden Meinungskampfes nicht verhindern könnten, herüber und hinüber zu gehen.

Es ist völlig eitel, die Schranken der Wissenschaft niederreißen und derselben doch gewisse Ziele strafpolizeilich verlegen zu wollen; der Philosophie freien Raum geben, den Lehren atheistischer oder pantheistischer Denker gegenüber eine Gedankensperre festhalten zu wollen! Die Zeit des Kämpfens um Ueberzeugungen mit den Waffen der Criminaljustiz ist im Gebiete unserer Culturländer vorbei. Machen wir uns — man verzeihe das Wort — nicht einer neuen Don-Quixoterie schuldig, indem wir sie festzuhalten suchen! Wir können uns damit nur Verlegenheiten schaffen und gelegentlich die öffentliche Meinung Europa's alarmiren. Oder welchen anderen Effect hätte es haben können, wenn man gelegentlich Schoppenhauer oder Feuerbach wegen ihrer atheistischen Lehren mit gemeinen Verbrechern zusammengeworfen hätte? Weder ein theoretisches, noch ein praktisches Argument gegen die Verbreitung ihrer Meinungen wäre damit gewonnen gewesen. Die Wahrheit wird künftig nur Triumphe feiern durch ihre eigene Kraft. Wenn wir aber gegen die Meinungen mit jenen Mitteln nichts ausrichten können, so hat die Verfolgung der Personen den Charakter unwürdiger Rancune.

Wenn aber in den M. Motiven in Bezug auf Erörterungen der hier in Frage stehenden Art bemerkt wird, daß sie die Tendenz einer unmittelbaren Einwirkung auf Andere nicht an sich trügen und daß sie deßhalb unter die fraglichen Strafbestimmungen nicht zu ziehen sein würden, so ist dem e⸱⸱schieden zu widersprechen. Warum soll eine philosophische Vertretung eigener Ueberzeugungen diese Tendenz weniger an sich tragen als eine unphilosophische? Sollte nicht die aufgewendete geistige Kraft den richtigen Maßstab abgeben für das Interesse der Einwirkung auf das Erkenntnißvermögen der Anderen, und ist die in jenen philosophischen Erörterungen der höchsten Probleme consumirte Kraft nicht eine unendlich viel höhere als die zu dilettantischem Geschwätze oder zu frivolen Aeußerungen eines unwissenschaftlichen Radicalismus aufzuwendende?

—◆—